사막사랑 175

사막사랑 175

임지훈 사진시집

Desert Love 175

Photopoetry by Lim Ji-Hun

눈빛

임지훈
2006년 '미네르바' 등단
2018년 시집 『미수금에 대한 반가사유』
2018년 한국문인협회 작가상 수상
2019년 사진시집 『빛과 어둠의 정치』
2021년 사진시집 『예멘』
2024년 시집 『고래가 나를 벗어나』
　　　문학나눔 우수도서 선정

사막사랑 175
임지훈 사진시집

초판 1쇄 발행일	2025년 9월 25일
발행인	이규상
편집인	안미숙
발행처	눈빛출판사
	서울시 마포구 월드컵북로 361
	전화 336-2167 팩스 324-8273
등록번호	제1-839호
등록일	1988년 11월 16일
편집·진행	이솔
출력·인쇄	예림인쇄
제책	일진제책

값 22,000원

copyright ⓒ 2025, 임지훈
Printed in Korea
ISBN 978-89-7409-658-8　03810

이 책에 수록된 글과 사진은 저작권법에 의해 보호를 받는 저작물이므로
작가와 출판사의 서면 동의 없이 무단전재와 무단복제를 금합니다.

시인의 말

나의 사진은 사람을 경배하며 따라다닌다.
빛으로 살아가는 사람들, 고요 속에 갇혔지만 살아난 사람들,
슬프면 슬픈 대로 비창이면 또 그대로인 얼굴을 따라다닌다.

이 사진시집에 찍힌 인물 중 양해를 구하지 못한 몇몇 분께 심심한 사죄의 말씀을 올린다. 풍경을 압도하는 표상으로서 사진에 드러났음을 밝힌다. 뜨거운 빛 아래 처연했던 나무와 바다, 사막 오리에게도 감사를 전한다.

I extend my sincere apologies to a few individuals featured in this photo collection without there prior consent.

I wish to clarify that there presence was captured as a powerful symbol of life, transcending the landscape itself.

차례

시인의 말
5

1부 | PART 1
사막
The Desert
9

2부 | PART 2
고요
The Silence
203

3부 | PART 3
사랑
The Love
281

1부

사막

사막을 건너가야 나를 만날 수 있다, 내 속의 사막

PART 1

The Desert

I must cross the desert to meet myself, the desert within me.

사막 1

피아노 패들을 밟는데 발목을 적시는 물
음악은 늘 물이 되어 흐른다
강에 막 도착한 저 노을
몇 번이나 내 영혼을 여기로 데리고 왔던 색깔
검은 황소가 곁에 서서
이젠 슬슬 가야 할 시간이라 말하고 있다
이미 색깔로 사라져버린 자[書]에게 소용없는 말을 하고 있다

사막 2

치약을 반도 못 썼는데 다른 치약으로 바꾼다
이번 치약은 끝맛이 개운하지만
양치질할 때 느낌이 이상해 다시 치약을 바꾼다
혀는 매구처럼 맛을 알고 있다
남자를 치약처럼 바꾼 게 드러나 그와 대치 중이다
그는 삐지면 이쪽저쪽 세계를 모두 닫는다
세계는 바다처럼 캄캄해져
떠오를 수 없는 바다에 나는 갇히게 된다

사막 3

파미르의 결절처럼
대설경보처럼
겨울이 부서져 쏟아졌다
깨진 거울 속에 붙은 얼굴들 하나씩 뜯어낸다
모두 내 얼굴
얼마나 많은 조각으로 나는 이루어져 있을까

Like the Knot of the Pamirs,
Like a blizzard warning,
Winter shattered and poured down.
One by one, I peel faced stuck to a broken mirror,
All of them mine.
How many fragments make up the whole me?

사막 4

녹아 흐르는 스테인드글라스
빛은 저 사랑을 제 빛깔인 양 벽에 처바르고 있다
침묵이 기도보다 나을 때가 있다

사막 5

블루스가 흘러들면 나는 사라진다
클랙슨 소리, 떠드는 말소리, 신의 전화 소리
모든 소리를 제압하며 울리는 기타 소리
중세 페스트 기억을 되살려내는, 심장을 꼭 찍어 내리치는 채찍 소리

사막 6

잃어버린 마음이 여기 있었구나
좁고 축축한, 있는 그대로의 나를 바다에서 만났다
직선이지만 아득한 빛
그녀는 왜 나를 빛이라 불렀을까

천 년 동안 봄비로 살았던 혀
귀의 가난을 일깨워준 쇼팽의 전주곡 같은 여자
여자지만 그녀를 사랑한다

사막 7

가롯 유다는 누구의 도구였을까?
'신은 죽었다' 이 문장으로 빛은 사라졌다 이어지기를 반복하고 있다
유다가 그 역할을 하지 않았다면
빛이 오늘까지 이어질 수 있을까
통회의 바다를 건너가고 있는 우리는 아직 어두워 보인다

사막 8

가책 없는 저녁인 그녀
식탁에 혼자 있다
식탁은 밤바다로 나가기 위해 푸른색을 모으고 있다
밤바다는 가지색
그녀는 식탁에 혼자 앉아 있다
나무도 작별도 가지색으로 변하고 있는 걸 보지 못한 채

She, an unrepentant evening, sits alone at the table.
The table gathers shades of blue, preparing to become the night sea.
The night sea is the color of farewell a deep, dusky violet.
She sits alone at the table, unaware that even trees and goodbyes are fading in to violet.

사막 9

물의 여자가 나를 초대하였다
출렁거리며 부드럽게 세계를 지나가고 있는 여자
색깔을 벗어난 초록여자도 나를 불렀다
그녀는 나를 아쟁 음악이라고 불렀다

물을 따라가야 할지 초록을 따라가야 할지
이유를 모르고 얼마나 가야 할지
아득하고 게으른 물의 고요를 닮아 가고 있다

사막 10

그 오후, 도시의 모든 기다림이 소년에게 쏟아졌다
빛은 날카로운 시간을 삼켜 액정화시키고 있다
두렵고 깊어지는 비밀
휘어지고 있는 소년 때문에 도시의 모퉁이부터 무너지고 있다

사막 11

사랑이 쓰러져 밤이 이어진다고 한다
캄캄한데 일어나 마늘을 깐다
불면이 계속될 것이라 어둠이 속삭였지만
마늘을 깐다
단단한 생마늘을 먹이고 싶어졌다

사막 12

얼룩진 천정을 보며 유년을 소진시켰다
녹슨 지붕의 빗물 자국, 슬픔의 응력
피가 얼마나 깊이 생을 찌를 수 있을까
일찍 벽초를 알았다면
휘둘리지 않고 사막을 건넜을까

사막 13

의심이 생기면 가계도를 펼쳐두고 생각에 잠기곤 했다
보이지 않는 거미줄
끊임없이 감겨드는 강아지풀
내가 할 수 있는 건
거짓말 같은 상상을 거미줄처럼 걷어내는 것

사막 14

독은 안쪽에서 번지고 있다
피부적 사랑은 안심하고 있다

열여섯에 자신이 누구인지 깨달은 소년
아버지의 매질에도 꿋꿋했던 그 소년을 엿보며 예술을 배웠다

옻닭은 내가 먹었는데
입에 독이 올라 무슨 말인지 모르고 쏟아내고 있는 저 여자

자욱한 안개가 마을을 덮쳤다
안개 속에서 아직도 주께고 있는 여자

사막 15

옥상에서 떨어지다 세 가닥 전깃줄에 엉덩이가 걸렸던 그 오후
공사 중 까마득한 타워에서 떨어질 때 크레인 고리를 잡았던 그 날
독사의 아가리에 물렸지만 그 혀를 빨면서 몸을 빼냈던 아침
흔적없이 죄책 없이 사라질 수 있었던 순간들

사막 16

사랑한다고 말하는 그 음성을 손가락으로 비벼보면
다른 결이 만져질 때가 있다

쫑긋거리던 귀가 사라지고
이제 그 목소리만 들린다

사막 17

낙진이 되어 손가락 올릴 힘이 없을 때도
춤을 추었다
쓰러져 지옥도와 아귀도 사이를 뒹굴며
춤출 수 있었던 이유는
네 입속에 가득한 그 바다 때문

Even when I had no strength to lift a finger,
reduced to ashes, I danced.
Collapsed,
rolling between the hell of demons and the realm of hungry ghosts,
I still danced, because of that sea overflowing in your mouth.

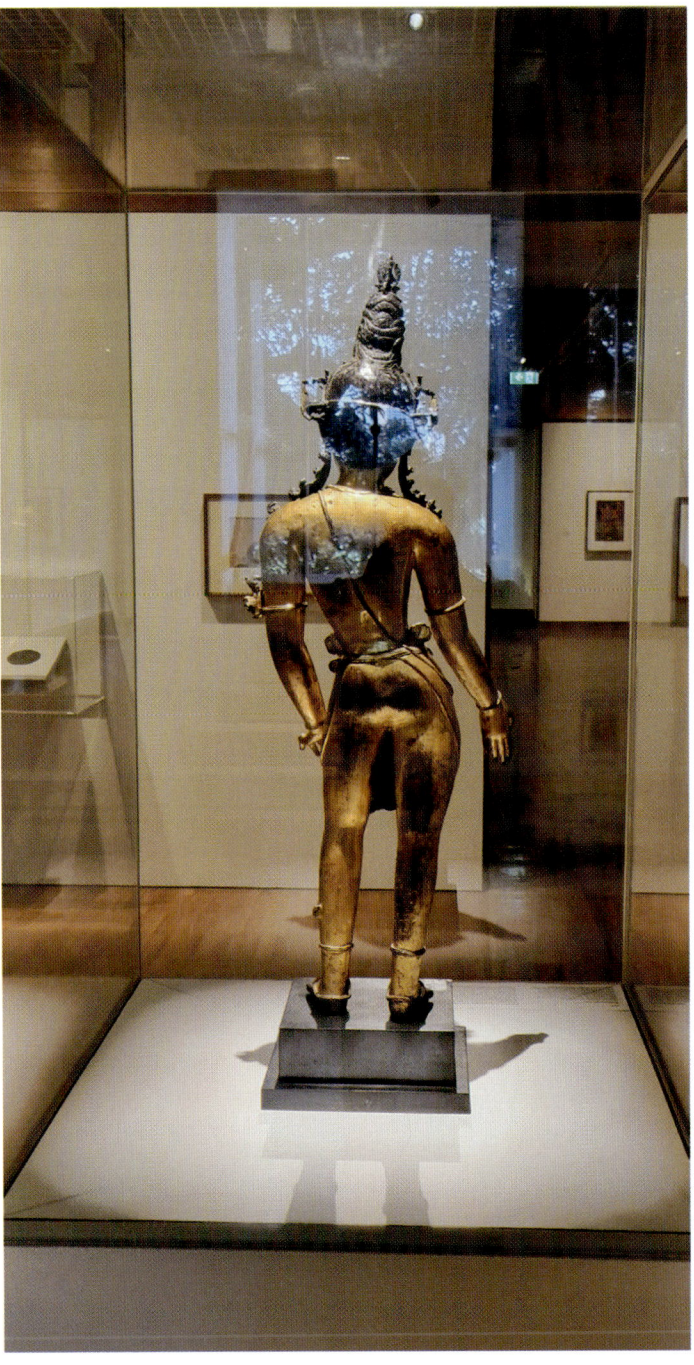

사막 18

활짝 갠 아침을 반죽해 수제비로 끓여 대접하고 싶은 여자
극존에 대한 외경심을 의심하는 눈빛의 여자
거꾸로 달려가는 무명은 탓하지 않으면서
세계를 다시 생명으로 채우는 부드러운 저 허리

사막 19

등만 곧은 백치로 알았는데
그 일이 있고 천년쯤 지나
무명은 웃음을 멈추고
누군가의 가슴에 내리는 눈보라를 꾸짖고 있다
그 말씀 그대로 경經이 되고 있다

사막 20

그들은 짜부라졌다
다른 손가락이나 시선에 의해서도
수군거리는 박쥐들이 이유가 아니었다
스스로 쌓아올린 수압에 의해 짜부라지고 말았다

사막 21

무명無明인 듯 웃고 있는 바깥의 나무들
꽃 없이 반짝이는 거룩한 생애들
금강역사들 거친 잎들
경계를 넘어설 뜻도 없지만
경계를 내줄 생각도 전혀 없는

사막 22

바람은 어떻게 나를 지우고 간절한 마음으로 만들었을까
지는 해를 나무들이 붙들고 있다
하루도 이렇게 절절한데
모르고 간직했던 한 줌 마음

How did the wind erase me
and shape me into a heart so earnest?
The trees hold the setting sun gently.
Even a single day aches so deeply
A handful of heart I kept without feeling.

사막 23

빛이 시를 시묘하고 있다
시는 스스로를 아낄 줄 모른다
여기저기 바다를 쾅쾅 치고 있다
파미르 결절을 검은 뼈로 치받고 있다
침묵의 빛은 시에 대하여 언제까지 참을 수 있을까

사막 24

얼마나 더 베여야 할까
언제까지 심장을 소분해야 할까
무엇이 사라져야 찾을 수 있을까
사랑은 말이 없다

오래된 그림 속의 얼굴
닿을 수 없는 시간으로 해체되고 있는 얼굴
헤어지고 영원해진 저 얼굴

사막 25

열 시간 이상 날아가는 항공기, 검다
육신은 덜거덕거리고 술은 혼자 깨어 복도를 걷는다
영혼도 잠수함의 부력에 떠오르다 다시 가라앉고 있다
멈춘 시간에 무뎌져 네게서 빠져나온다
빛 없이 밝았던 네게서 벗어나고 있다

사막 26

송곳으로 만들어진 비가 내리고 있다
촘촘한 송곳비에 몸은 찢겼지만
혼이 네 나라로 날아가는 이유는
폭포처럼 쏟아졌던 가을나무 기억 때문이다

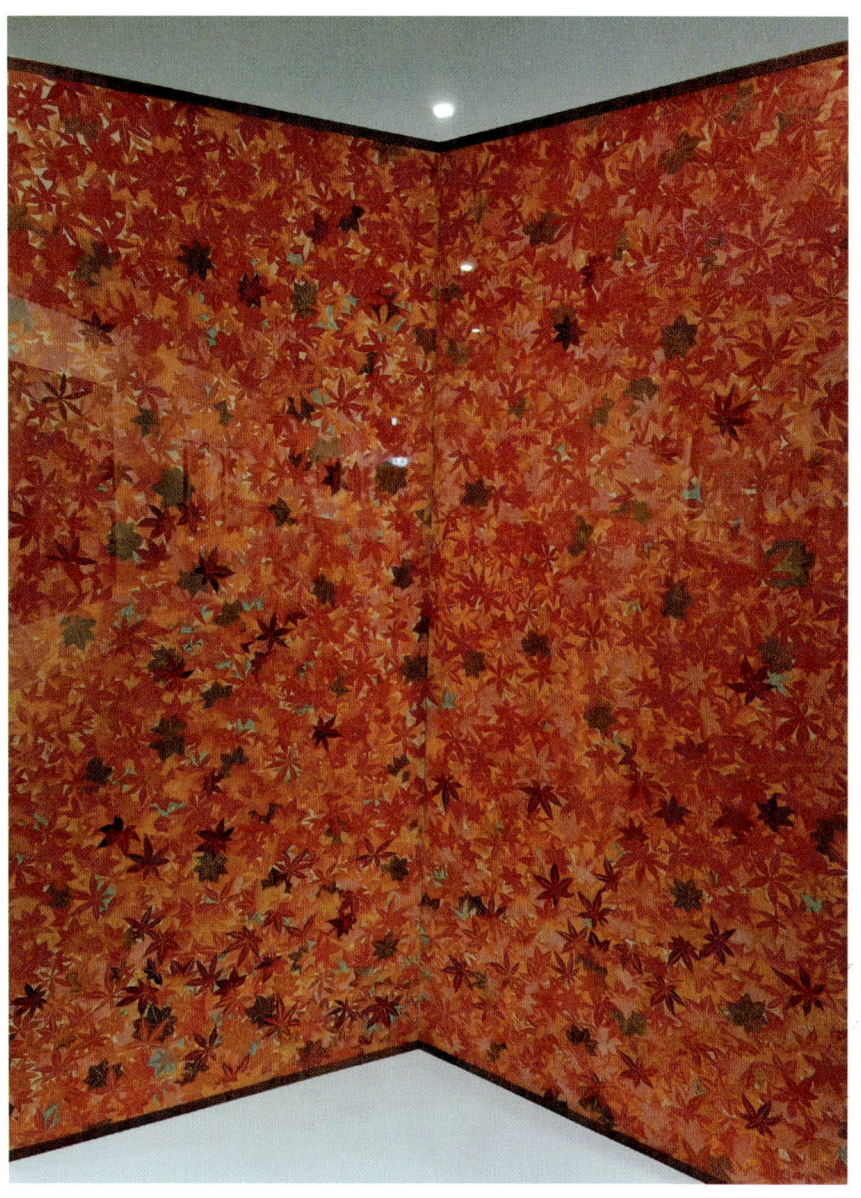

사막 27

비창과 쇼팽 사이에 걸려 있는 저 빗방울
빗방울 검은 풀잎에 튕겨 기억 되살아나고
울퉁불퉁한 나라로 변해가는 걸 보고
비로소 평온하다
헤어진 후 처음으로 깊은 잠에 빠졌다

사막 28

오늘 영묘엔 창문은 가득한데 빛 성글다
토마토를 삶아 껍질을 벗기고 수프를 만든다
올리브유 세 스푼, 마늘 조금, 양파 반 개
비 온 뒤 잠깐 드러난 구름, 허황되어 아름답다
너도 그랬다
죽고 나서 식욕이 생긴 건 오랜만이다

사막 29

사랑하니까 괜찮다고
측심이 가족이라지만
사막을 건너가야 하는 이유가 핏줄인 걸 깨달은 사람은 드물다
종소리가 울려도 눈을 감을 필요가 없는 사막

사막 30

우린 함께 노래를 불렀다
우릴 채우고 흘러넘치는 노래
반주가 끝난 줄 모르고 계속 노랠 불렀다
서로에게 눈을 떼지 못한 노래는 영원히 이어질 것 같았다
끝이 난 노래는 우리 발목을 적시며 흘러가는 걸 몰랐다

사막 31

조국을 위해 전쟁에 참전하려는 남자의 눈을 여자는 못으로 찔렀다 남자는 장님이 되고 여자는 옥에 갇혔다 사람들은 동네의 자긍심이 긁었다며 여자를 비난했고 남자를 애통해 했다 몇 년 뒤 여자가 풀려나자 비로소 절박한 사랑을 깨닫게 된 남자는 여자를 부둥켜안고 엉엉 울었다 스스로를 돌아보던 그 나라도 이젠 가늘어져 시각이 없어지고 있다

사막 32

보이지 않는 밀물과 썰물의 사막바다
가벼운 색깔이 조크처럼 지나갈 때
가랑이를 벌린 저 붉은 산호초들
물때에 맞춰 몸을 흔들고 있다

사막 33

조용해진 이유가
느려졌기 때문인 것을 알았다
그녀가 나의 강에서 쉬리 떼를 몰고 떠난 뒤
날씨에 관한 질문에도 답이 오래 걸리고 있다
바람도 비통한 얼굴로 나를 범람하고 있다

사막 34

나는 조용히 지나가고 있다
어느새 나타난 개들, 알 수 없는 언어로 짖고 있다
나무들 개에게 말을 건네고 초록나라도 거들고 있다
개는 초록의 말을 알고 있다
말똥구리도 알아듣고 동방박사처럼 나를 빙 돌아서 지나가고 있다

사막 35

빛으로 자라난 녹색나라에 그녀와 나 그리고 나무가 함께 있다
초록이 불에 빠져들수록 그녀는 알 수 없게 변해갔다
타오르는 나무가 끝없는 불을 그녀에게 넘겨주었다
불이 끝나도 그녀는 재를 뒤집어써 신비하게 보였다

사막 36

나는 어른이니까 괜찮아
앵두로 술을 마시던 '다자이 오사무'*처럼
대실료를 위해 아버지를 쥐어짰다

* 다자이 오사무(1909 – 1948): 탐미주의적 소설가

사막 37

장례를 치르는 동안
민둥산 같은 그 생애 때문에 울지 못했고
동생들 붉은 눈시울 때문에 내 눈물은 사라졌다

수박을 철모처럼 쓰고 웃던 그의 몰년이 떠올랐을 때
눈물보가 터졌다
수박에조차 계급 그대로 상사를 새긴 영원한 벌판인 그
찌그러진 작은 나무가 몰년 이후 계속 자라는 이유는 무엇일까

사막 38

지금 나를 옥죄고 있는 그물은
태어나면서 내가 나에게 했던 질문들
비탈의 눈보라이거나 사선의 수평선보다 더 알 수 없는 질문들

사막 39

어린 말투엔 증이 실려 있다
남자는 어쩔 줄 몰라 허둥대고
여자는 이미 뱀이 되어 있다
사랑의 폭력성을 용인하던 시대도 있었다
피카소 청색시대 작품들, 생의 비밀 통로를 보여준 작품들

사막 40

뒷모습을 고이 품고 돌아와
풍경에 넣고 빼기 놀이를 하며 겨울을 보낸다
노을이 지고 봄밤이 와도 멈출 수 없다
오늘에서 나를 사라지게 하는 마술사들
사랑은 잠깐 반짝거리고 남는 건 몽롱한 연기演技뿐인 마술사들

사막 41

부리가 아프도록 쪼아도 물이 나오지 않는다
어제는 여기서 물을 먹었다
이 별의 신비에 내가 닿을 수 없는 이유를 새에게서 느끼고 있다
새를 보는 눈빛과 비슷한 시선이 내 뒤를 따라다니고 있다

사막 42

거리로 들어갈 수 없다
그래서 뱀굴로 돌아간다

어느새 박쥐들 낮게 날고 있다
목소리와 발소리가 없는 새벽

새벽빛이 새벽을 삼키는 살모사 같은 이 고요
기다릴 줄 모르고 죄책도 모르는 저 새벽빛

I cannot go into the street.
So I return to the snake's den.

Already, bats are flying low—
A dawn without voices or footsteps.

The dawn light swallows the dawn—
the silence like a viper
that dawn light,
Knowing neither patience nor guilty.

사막 43

사랑도 결국 무거운 물의 세계로 흘러간다
오수관이나 하수도로 끌려가는 그 순간에
깨어난 게으른 물
축축하고 좁아지는 오늘을 어떤 상상력으로 버티고 있을까

사막 44

부관참시에 대한 농으로 킬킬대는 장례식장
차례가 이리 빨리 올지 몰랐다
영정사진은 포토샵이 심해 나도 못 알아볼 정도

장대비에 걸려 푸덕댔을 때 바로 빼냈다면
칡처럼 엮어매는 그 육신에서 조금 빨리 풀어냈다면
기울어진 선고에서 제할 수 있었다면
현기증 같던 정치에서 조금 일찍 빠졌더라면

사막 45

요즘 말을 하려면 자꾸 빗나가
이상해서 말을 바꾸면 전혀 엉뚱한 말이 되고 말아
말하다 잘못된 듯 해서 멈추려고 해도 안돼
아예 입을 닫고 있어
말의 뭉치가 스프링처럼 튀어나올 것 같아 침묵하고 있어
조용해지면 점점 작아져서 흉한 밤으로 변해버려

사막 46

날아가는 꿈이 계속되고 있다
퇴화된 줄 모르고 날고 있다
맹금류인 나
끝까지 날아가 사랑한다면서 널 찢어발기고 있다

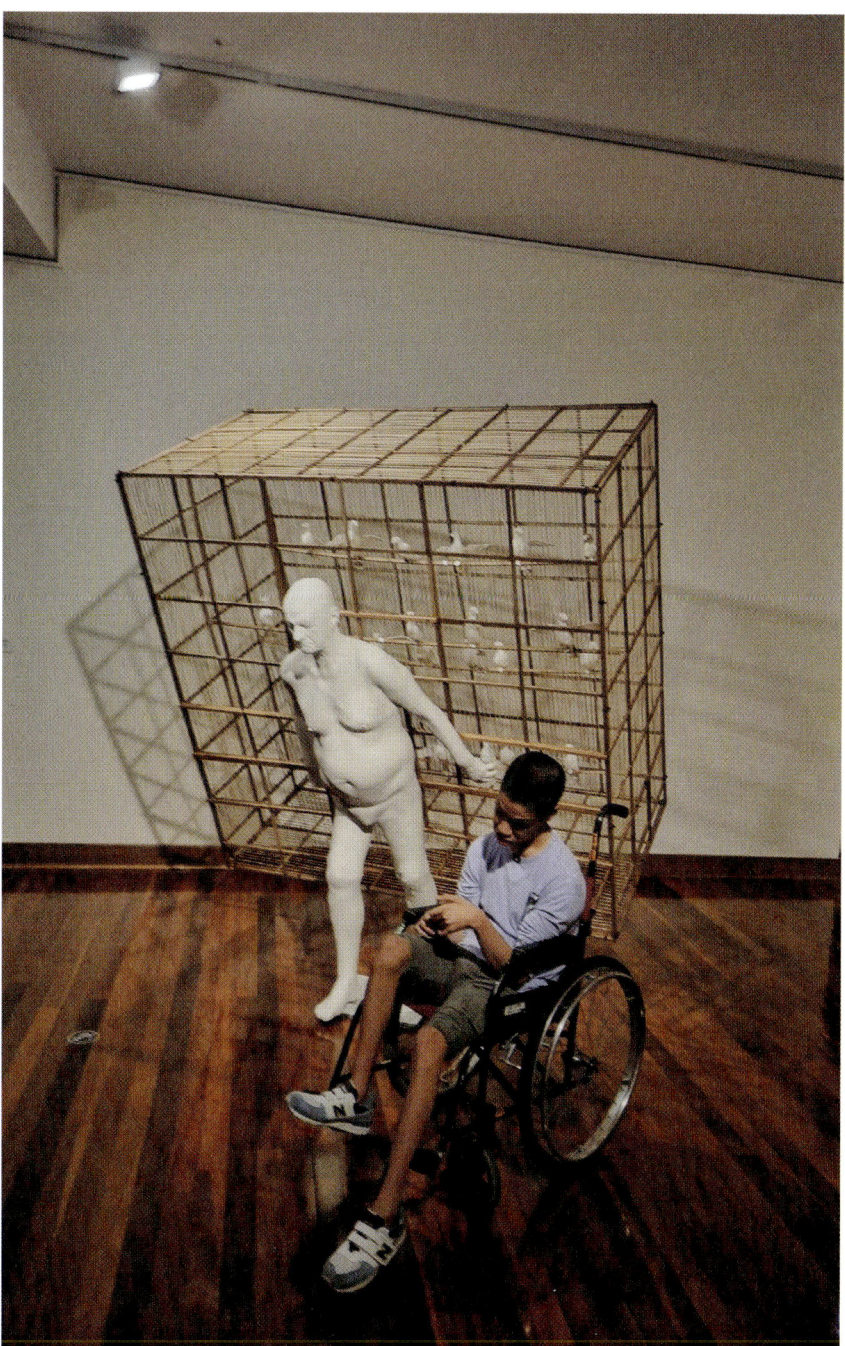

사막 47

침대 쿠션 다섯 개 아래 긴 바늘 하나에도
잠들지 못하는 너
열한 시간짜리 여자인 너
비행시간 내내 끓어오르게 하는 여자
불을 모르는 넌 성냥여자
만날 수 없는 여자
착륙하면 케이터링 운반차 사이로 사라지는 공항여자

사막 48

사막에 백 년 만에 눈이 내렸고
그제야 색깔을 열고 바깥으로 나온 여자

을사년 봄 격렬했던 힘이 하늘에서 밀려 내려오고 있다
무엇인지 알고 있는 저 눈보라

사막 49

에티오피아 같은 여자
영혼까지 맨발인 여자
냄새가 멎은 여자
연鳶처럼 걸려 있는 남자 숲을 지나가고 있는 여자
완벽하게 사라지고 있다고 말하는 여자
없었고 없을 것이라 말하지만 힐끔거리는 여자

사막 50

사막은 펼쳐질수록 내밀한 신비가 없다는 걸 깨달은 여자
벌레를 징그러워 하면서
밤벌레를 어둠 속에서 손가락으로 가만히 눌러보는 여자
신음처럼 매일 날씨가 변하는 여자

사막 51

바다가 아니라 양식장인 걸 깨닫고 바깥을 물끄러미 보고 있는 여자
반짝이는 비늘 같은 질문들
코발트블루에 휘둘린다고 바다를 꾸짖는 여자
틈이 없다며 힐끗 돌아보는 여자
구조나 패턴으로 사랑을 요약하는 여자

사막 52

바람 바깥의 무게에 맞서면서
피에 굶주린 바다를 건너
혼자 맑고 깨끗하다는 생각에 빠진 하늘을 걸어
지워낸 기억 속으로 아무렇지도 않게 침범하고 있는 여자

사막 53

스스로 놓아버리거나 잃어버릴수록 편한 나라
뽀글거리며 사라지는 거품의 나라
지우고 제하는 놀이에 빠진 나라
모두 기다렸지만 떠나지 않는 나라

사막 54

사랑으로부터 삭탈관직削奪官職 당한 지 모르고
올무에 걸린 것도 모르고
빵을 녹여 먹으며 바다를 보고 있는 여자
자존심 강했지만 이젠 수축한 자궁 모퉁이의 여자

사막 55

고개를 드는 각도가 생애임을 모르는 남자
모르는 만큼 강박으로 웃는 남자
바쁜 듯 부산한 남자
일용할 양식은 따로 챙기면서 사랑을 기다리는 남자

사막 56

혼자라고 느끼는 사람
남자인지 여자인지 드러나지 않는 자者
세계의 모든 바람이 멈추듯
젠더를 벗고
고요해서 가라앉고 있는
논 바이너리*

* 논 바이너리(Non-binary): 남성과 여성 이분법에 속하지 않는 정체성

사막 57

자신을 사랑하거나 몰두하지 않으면서
사랑에 대하여 꿰뚫고 있다고 믿는 여자
바람에 버둥대는 그물코를 사랑이라 여기는 여자
세계의 모든 구멍이 응축된 어둠을 사랑이라고 배운 여자

사막 58

잠에 취한 자신을 어떻게 위로할지 모르는 그녀
정말 잠깐 졸았는데 몰년이라고 비통해하는 여자
밤은 처음부터 휘어져 있었다고 말하는 좁은 악기 같은 여자
군림하였지만 사랑을 몰랐던 여자

사랑 59

난기류인 그녀를 훔치려 달렸다
물이 그린 생이기에 흩어지고 가라앉는 사랑
꽃을 만들어 본 적 없는 손은
신에게 연득없이 달겨들면 안된다

사막 60

비행기가 흔들리고 나서 기내 방송이 나온다
가끔 내 글씨를 못 알아보듯 이젠 나를 모르겠다
헤어지고 나서 비로소 사랑을 형용할 수 있게 되었다
몽유도원 하며 밤빛 속을 떠돌아도 그를 보고 싶다
식탁의 난기류 속에 계속 앉아 있는 여자는 없다

사막 61

발톱으로 지금을 움켜쥐고 있는 여인들
통증과 불안을 상상으로 물고 있는 여인들
반짝거리는 눈동자로 난기류의 평원을 떠돌고 있다
분노가 들판 속으로 파고들어
수상하고 척박한 생애로 자라나고 있다

사막 62

넌 수평선, 계속 자라나는 트라이앵글
바다와 하늘빛 그리고 넌 다르지 않다
죽은 뱀처럼 비틀어진 사막은 골반뼈로 버티고 있다
건조한 생애 맨 복판에 서서 또 기다린다
너머 보이는 폭포가 사랑일까, 멀미일까

사막 63

등 뒤에 바짝 붙어 있는 것이 뭘까
그토록 찾던 나의 뼈일까
오랫동안 내 뒤를 캐고 다닌 칼날일까
눈을 피해 건성으로 지나가고 있는 나의 생애일까

사막 64

고통이 자라면 어떤 사람으로 태어날까
시간이 가릴 수 있는 꽃은 없다
하루치 심장도 터질듯한데
내일을 기다리는 저 사람들 도대체 어떤 바다를 건너 왔을까

사막 65

네 옷으로 집을 지었다
벌거벗은 넌 아이처럼 웃고 있다
웃음소리로 집은 자꾸 자라났다
옷 속의 나무도 펄럭거리며 커졌다
창문의 숫자도 늘어났고 사이즈도 자랐다
집은 까마득해졌지만
웃음소린 그대로이거나 안으로 감기고 있다

I built a house with your clothes.
Naked, you laugh like a child.
Your laughter made the house grow.
The trees inside the clothes fluttered and grew.
The house grew distant,
But your laughter remained, or curled inward.

사막 66

바다에 갇혀 있다
섬엔 식탁이 두 개
푸른색 기억으로 살고 있는 낡은 식탁
모서리엔 억류되었던 선원들의 칼자국이 남아 있다
바다를 건너가야 한다
산달이라 수평선처럼 늘어지고 아직 배를 구하지 못했다
자꾸 식탁들이 바다에서 떠내려오고 있다

사막 67

남자도 나무에게 귀를 기울일 때가 있다
빛에 상해가는 나무들
남자가 나무에게 설명하면서 숲을 벗어나고 있다
나무는 받아들이면서도 조용히 남자를 따라간다
남자는 왜 숲을 벗어날 수 없는지 알지 못한다

사막 68

종소리가 울리면 식탁의 색깔이 바뀐다
청색 계열에서 카키로 바뀐다
카키는 낙타를 오래 끌고 다닌 냄새의 색깔
폭음을 피해온 여자의 시선에 관한 궤적인 저 카키
총소리를 멈추게 할 수 있는 것은 바람이 머물고 있는 식탁

사막 69

그네는 냄새가 신경 쓰여 다리를 오므리고 있다
기미가 낀 육적인 그네
초록이거나 코발트블루를 가만히 바라보고 있으면
잠의 냄새가 난다
잠속에서 허밍처럼 흔들리는 그네
끊기지 않는 스윙 재즈
결혼식 때 받은 그네를 그 여자는 몇 번이나 탔을까

사막 70

이번 항해를 돌아가면
식탁을 넓은 것으로 바꿀 작정이다
식탁보를 밑으로 늘어뜨리고
천천히 감자수프를 먹으며
사랑이 왜 '낱'인지 생각을 해볼 예정이다

사막 71

재즈를 삼킨 그녀는 파충류
긴 혀를 사용해 눈앞에 반짝이는 어둠을 모조리 삼키고 있다
전쟁 같은 변주도 통째 꿀꺽하고 만다
그녀 피아노를 들었다고 사랑에 홀리면 안된다
비지 어데어*의 기교에 속아 작별에 빠지면 안된다

* 비지 어데어(1939 – 2022): 재즈피아니스트

사막 72

사랑이 넘어설 수 없는 유일한 벽, 재즈
재즈에 취해 시간도 구멍이 숭숭 나고 깨어난 눈은 혼자 건너가고 있다
건너가서 어쩌자는 게 아니기에 자유이다
미륵은 반가사유만큼 재즈를 즐긴다
마하가섭이 우는 이유도 재즈 때문이다

사막 73

사랑에 대하여 음악에게 물었다
재즈는 대답 대신 돋아나는 사랑을 끊는 작별을 연주한다
빤히 보는 그 눈동자를 보지 않는다
사랑이 더럽고 앵꼽기 때문이다

사막 74

아무도 여기가 사막이라 말해주지 않는다
날 긍휼히 여기는 눈빛이 머무는 여기가 사막이라니
거기에 도착하면 나도 그도
바람 저울에 올라가야 한다고 바이올렛은 말하고 있다

사막 75

찰리 헤이든*은 연주를 하다 순간 멈추고 사라졌다
지금 내가 닿을 수 없는 곳
건너편의 빛과 그늘을 그는 이미 보여주었다
재즈만 사는 거기에선 그는 더블 베이스를 연주하지 않는다
맑은 슬픔에 그는 안착했고
나는 나뉜 오늘에 갇혀 있다

* 찰리 헤이든(1937 - 2014): 자유 재즈의 선구자

사막 76

재즈이고 자유이기에 널 사랑하는 건 아냐
나비가 풍경 속에 갑자기 끼어들 듯
날아온 널 사랑해
넌 말을 길게 하지 않아
내 음악을 따라오지도 스며들지도 않아
너무 먼 아르페지오*
너를 사랑해

* 아르페지오: 화음을 구성하는 음들을 순차적으로 하나씩 연주하는 기법, 단음 악기(플루트, 트럼펫)에서도 화음을 표현할 수 있게 해줌.

사막 77

플라멩코 기타가 울리면 풍경은 바다가 된다
투명에 가까운 거짓에 빠져드는 거리
지나가던 배들이 일제히 멈춰
음악의 침례를 받고 있다
어떤 해류를 타고 왔는지 어디로 흘러가는지
바다를 덜어내고 지우는 저 음악
오토마어 리버트*는 바다와 냄새 사이에 갇혀버린 눈먼 생선이다

* 오토마어 리버트: 플라멩코 기타리스트

사막 78

역풍 속 여자의 갑판을 닦고 있다
배가 쿵쾅거려도 핸드레일을 붙잡고 걸레질한다
넌 갑판이 울리도록 웃고 있다
아무리 씻겨도 소용없다며 웃고 있다
하나의 육신만 씻겨주려 내가 태어난 걸
넌 알 턱이 없다

사막 79

뜨거움에 닿지 않아 두 손을 올려 경배한다
등에 손을 대고 싶었지만 멀어지는 모습에 울음 삼켰던 그 밤처럼
손만 레드를 따라다닌다

버려진 빛을 소경처럼
맨손으로 땅을 긁으며 찾고 있다

몸이 성전임을 깨달은 우리를 빛이 비로소 풀어주고 있다

사막 80

그녀는 어둡고 축축한 냄새를 맡고 멈춰 섰다
동굴 속으로 들어가야 할지
그 어둠에서 빠져 나와야 할지
그녀는 동굴 목소리에 현기를 느끼고 있다

무릎을 꿇고 시작하지만
문을 열자마자 바로 풍경으로 흩어지는 블루 트레인*

* 블루 트레인(Blue Train): 1957년 발매된 존 콜트레인의 앨범

사막 81

풀과 나무에게 커피 향을 나눠주지만
존 콜트레인*처럼 밀도가 높은 바다는 멀어지고 있다
풍경과 향기는 가끔 질리게 만든다
존은 '음악적 폭풍'이라는 기법으로 재즈 속의 유머를 찾아냈다

* 존 콜트레인(1926-1967): 테너 색소폰 주자, 작곡자, 영적 음악을 추구한 자유주의자, 재즈로 신과 우주를 연결하려고 시도했음.

사막 82

의구심으로 습관을 갉아먹고 있는 시궁쥐의 불안, 사랑
심장을 움켜쥐었을 때의 촉감
지릴 것 같은 색소폰의 순간
위스키처럼 증발해버리고 마는 거짓
사라진 기억이 옅은 냄새로 찾아와 재즈처럼 역겨워질 때

사막 83

곧 울 것 같은 어린 당나귀이거나
뭉툭하게 깎은 연필이거나
빙빙 돌며 참고 있는 해류가 사랑이 아니라면
넌 뭐라 말할 수 있어?

사막 84

피아노가 펼쳐 보여주는 길을 따라 매일매일 날아가는 여자
여행지마다 떠난 여자에게 그림엽서를 보내는 남자
엽서는 차곡차곡 쌓여가고
뜸을 들이고 있는 말쑥한 작별

사막 85

파도 같은 피아노, 피아노 같은 남자
여자는 다시 조일 요량으로 조금씩 풀어주고 있다
파도가 된 남자는 돌아와도 안개여자 너머를 보고 있다
붉은 입속 반짝거리는 바다는 의구심 가득한 소나타를 연주하고 있다

사막 86

사랑이 몸을 빼면 여자는 단번에 알아차린다
따뜻하고 묵직하게 시늉하지만
여자는 신묘하게 알아채고 눈동자에서 안개가 밀려 나오고 만다

사막 87

모르는 남자는 나무의 고요에 안겨 있다
빛은 나무의 날카로운 심장을 알기에 조마조마하다
남자는 느긋하게 잠주정까지 하며 잠에 빠져 있다
빛이 그늘을 먼저 보내 남자의 머리카락을 빗어주고 있다

사막 88

여자는 스스로를 해제하거나
남자가 그녀를 삭제시켰다고 느껴질 때
비로소 사랑에 빠져드는 이유가 무엇일까
사랑의 기적은
지나온 사막만큼 깊어진 눈동자에 달려 있다

사막 89

사랑이 시작되면 같은 밀도의 욕망에 소스라치게 놀란다
삐져나온 육신을 발견하고 놀란다
신의 역할을 물려받은 생명일 뿐인데
갈애의 이미지를 보면 왜 그리 소스라치게 놀라는 걸까

사막 90

바다가 다가와 그녀에게 상처를 남겼다
구멍이 생겼지만 그녀는 개의치 않는다
흘러넘치는 빛이 메꿀 수 없는 블랙홀
검은 구멍으로 들어가는 바람, 시취屍臭, 시궁쥐, 첫 키스

사막 91

사랑을 고백하였다
놀라는 표정에 설핏 감도는 미소
저 시늉에 빠지면 안 되는데
검은 회오리를 따라 눈동자는 사라지고 있다
회귀할 수 없는 생애 하나가 또 부러지고 말았다

사막 92

조심스럽게 딛는 까치발
숨을 멈추면 비로소 보이는 생각들 색깔들
어둠도 구도에 기여하고 있다
숨을 마시면 세계가 들어오고 숨을 뱉으면 평온이 살아난다
영혼은 고요하고 집중할 때 열린다
여자와 소녀 사이로 쏟아지는 빛깔소나기
태생적으로 미학인 소녀들

사막 93

꽃이 중한 줄 알았는데
시간을 소진하고 깨닫게 되었다
생애도 잎도 사랑도 결국 색깔이다
빛으로 살아나는 색채
한때 이유 없이 쏟아진 빛
왜 계속 이어질 것이라 느껴졌을까

사막 94

그늘 속에 또 다른 그늘
빛이 놓쳐 어디론가 끌려가고 있는 그늘
그는 나의 그늘에 속하지 않는 그늘
반짝거려도 그늘이거나 어둠에 가까운

하늘에 무수한 새 발자국
그 많던 활자
끊임없이 솟아 내게 찍혔던 눈빛
어떤 사무친 빛에 한순간에 깨끗이 사라졌을까

사막 95

그늘에 속하는 음악들, 오르페우스의 리라 같은 금속제 입술들

웃음소리들, 가벼운 영탄들
아름다운 금기들, 빛에 속한 님프들

범람하는 정염에 끝없이 휘감기는 슬픔을
우린 음악이라 부르고 있다

음악의 뼈를 부러뜨릴 그 날이 언제일까

사막 96

사막으로 가기 위해 배를 탔다
열망으로 배가 무거워졌다
배가 먼저 가라앉고 바다도 멈추고 있다
바다가 몰년처럼 황홀하게 육신을 제除하고 있다
구름까지 벗고
투명에 가까워져 끝내 흔적까지 벗고 있는 아쿠아블루

2부

고요

건너왔는지 아직 사막인지 알 수 없다, 아득한 안개 속 엉치뼈 하나

PART 2

The Silence

*I don't know whether I've crossed it or if I'm still in the desert,
just a lone tailbone floating in a distance.*

고요 1

낙심과 쓸쓸함에 갇히는 게 생의 조건일까
왜인지 말하지 않고 아우성치는 헤아릴 수 없는 나

하늘에 몸을 부려 놓았다
중력이 사라져 자유롭다

고요 2

물이 나를 파고들지만 정신은 빳빳하다
휘어지는 곡선이기도 하고 선회하는 새 같기도 하고
피어나다 끊어지는 피리 소리, 이어지는 꿈
밤새 눈 붙이지 못했다
다시 새벽, 이불을 개고 푸시업을 한다

고요 3

뿌리는 입속을 숨기고 있다
검고 포악한 저 생리
끓어오르는 피를 감추기 위해
닥치는 대로 색깔을 피우고 있다

고요 4

빗발이 소란하여 머리를 감지 못하였다
머리카락이 오히려 부드럽다
같은 뿌리인 여자를 만나 변방이고 축축하고 춥다
다른 여자도 있다고 한다, 정말일까

고요 5

딱딱한 올빼미가 짐승 소리로 울부짖고 있다
새가 날아오르는 순간 떠오른 그녀
순례자를 위해 차를 대접하던 그 도시처럼
첫 핏방울을 커튼 사이로 보여준 그녀

고요 6

그저 사선으로 보일 뿐이라고 말했다
여자에 갇혀 있던 그는 알아듣지 못했다
그때 나는 여섯 살 그는 서른셋
지금 난 몰년 가까이, 그는 몰년에 멈춰 있다
탁 트인 바다지만 어디인지 알 수 없다

고요 7

김필 노래는 끝까지 들을 수 없다
어떤 낱말에 붙들려 부산으로 펑 날아가게 된다
너무 멀리 퇴행시켜 버리는 그의 음성
그래서 김필은 가수가 아니라 트리거다

고요 8

바다도 혼자 있을 때가 있다
시간을 잘못 맞춰 가면
바다가 가만히 있을 때 찾아가게 된다
고요한 바다에 서 있게 된다
슬픔의 한복판에 모르고 서 있게 된다

The sea, too, has times when it is alone.
If you go at the wrong time, you may find it when it is still.
You'll find yourself standing before a quite sea,
unknowingly standing in the very heart of pathetic.

고요 9

부산을 떠나도 그 냄새가 따라붙고 있다
새끼 셋을 몰고 재가하려는 그 여자처럼 따라오고 있다
바다와 하늘이 백 년 만에 빗방울로 깨끗하게 흩어지는데
그 틈으로 꾸역꾸역 궂은 그녀가 따라오고 있다
더러운 어머니

고요 10

딸이 사라지고 서울은 바다가 되었다
무던히 버둥거리던 사람들이 물로 흘러가게 되는 이유를
어느 정도 알게 되었다

고요 11

서울에서 살아가기 위해 잠깐 빠져 나왔다
아무도 나에게 자리를 내주지 않아
종일 칼 가는 소리로 기어 다녔다
쓴맛에서 멀어지니 비로소 혀가 살아났다

고요 12

매정한 달콤함과 노을이 봉긋한 무덤 같은 도시가 떠올랐다
엄정한 구름은 하늘빛을 율법 삼아
도시를 다스리는 꿈에 젖어 있다

고요 13

나는 빠져나온 도시를 물끄러미 바라보고 있다
달이 해를 잘라먹고 있는 도시
뜨거운 인민들과 마술사의 웃음소리가 가득한 밤의 도시
수상한 에너지로 부풀어 오르고 있는 거리들
도시로 모르고 쏟아지는 푸른 별

고요 14

어떤 도시든 나에게 시치미를 떼고 모른 척한다
이륙하는 항공기를 즉각 방임해버리는
색이 없는 노을과 저녁빛

고요 15

노트 종이가 두껍다
글씨도 잘 써지고 잉크도 잘 먹지만 헤프다
이제 간결체로 써야 한다
내가 별로 남지 않았다는 게 뼈로 느껴진다
식탁 위로 끝없는 초원이 펼쳐질 것이라는 생각을 접는다
아득한 거기에 살짝 내려앉는 나비의 느낌도 지운다

고요 16

밥풀 하나 남기지 않던 장마의 수챗구멍처럼
완벽한 소멸은 시詩다

그녀 바다는 깨끗이 퇴각하고 있다

모든 손이 퍼내기만 했던 바다
어떤 생애였는지 드러내지 못하고 있다

내 속도 아무리 퍼내도
바다처럼 깨끗한 지옥이 다시 차오르고 있다

고요 17

어떤 작별이라도 계기는 있다, 편견 혹은 오해
사라지는 순간을 미리 알려주는 시늉으로
여자들은 구름이 감춰둔 새를 이용한다

내 빛 속으로 들어올 수 없다던 그녀
다른 빛 속에 담겨 있었다는 걸 깨닫는 순간
온몸의 피가 한꺼번에 빠져나가고 말았다
내겐 그 흔한 새조차 없었다

고요 18

여러 새벽이 꿈으로 이어지고 있다
단순하고 집요한 검은 사막이 등장한다
사막은 캐리어를 개처럼 끌며 같은 말만 되풀이하고 있다
세계 끝에 매달린 구름에게 말하는지
연습대로 작별에게 말하는지 알 수 없다

고요 19

마음이 서로에게 이끌린 것이 아니고
육신 두 개가 스며 하나가 되어 영원으로 부풀어 오르는 것도 아니다
공작새로 펼쳐진 영혼 두 개가 부딪혀
그 벼락에 완전히 멸하여 푸석해진 재로 날리는 것이 사랑이다

고요 20

드르륵 항공기 창을 열었는데 총총한 새벽별
짐을 싸다 발견한 뜯지 않은 시집
길을 물어보려 기웃거리는데 나타난 사막바다
캄캄한 밤빛으로 들어가자 나타난 푸른색
피카소의 청색시대
그 그림들로 이번 생은 족하다

고요 21

삼십육 년 만에 사막에 비가 내려 나는 풀려났다
냄새가 엉망진창이라고 떠들어대고 있다
나의 냄새인 줄 알면서 침묵하고 있다
태양의 냄새
있는지 없는지 모르게 풍겨야 하는 냄새

고요 22

새벽별 얼굴을 바꿔가며 비행기 속으로 쏟아질 때
발정기 같은 공복이 나를 넘어뜨리고 마구 달려나갈 때
느닷없이 발길질에 차일 때
일어날 수 없지만 꿈틀거려야 할 때

고요 23

새벽에 깨어 생애를 달래는 일이 지겹다
몇 년째 그 얼굴, 식상하다
건성으로 달래면서 국수를 먹을까 생각에 빠지기도 했다
잠의 바깥인 새벽빛을 본다

겨자색 새벽이 손톱만큼씩 내려앉은 지붕
나무는 여자처럼 매일 화려해지는데 알아보는 눈이 없다
어느새 집을 삼키고 자라나고 있는 뿌리

고요 24

나를 긍휼히 지켜보는 그 눈동자에게
시는 진실인가 물었다

스스로 이야기하지 않으시고
들으시는 것만 이야기하시며*

* 요한복음 16장 13절

고요 25

스튜어디스가 승객의 돌이 안 된 아이를 보고 있다
그 순간 보았다
승무원의 눈에서 뭔가 빠져나가는 것을

그에게 나의 영혼을 먹였다
포식한 눈동자를 보고 난 깨달았다
마르고 있는 바다를 모르는 눈이었다

고요 26

모든 안개를 불러 집을 짓고
그녀가 지나가는 길목을 지켰다
모호하다고 하며 그녀는 바다를 지나가고 있다
푸른 식탁을 닦으며 그녀를 기다릴 것인지
바다의 잔상에 달라붙어 있을 것인지
어찌할지 몰라
손톱에 낀 안개를 닦고 있다

고요 27

아무것도 모르는 얼굴이다
몇 겁 동안 절어 있던 색을 씻어내고 있다
골반뼈에 새겨진 뼈근한 기억을 돌아보며
어쩔 수 없이 빈 웃음을 짓고 있다

고요 28

나른한 새벽 깨어나면
동틀 무렵으로 스며들어 다시 잠을 청해본다
빼곡한 명단의 꽃들 쏟아진다
우수수 꽃들 질 때
알 수 없는 냄새를 깨끗이 씻어내는
뻐꾹새 소리

고요 29

벌건 대가리를 쳐들고 물결치는 막 깨어난 고추잠자리들
음모가 몇 가닥 돋아나고 있는 음경들
참을 수 없는 저 잡것들
두꺼비 늙은 혀를 비웃으며 날아다니는 것들
식탁에 쌓여가는 바다를 얼마나 더 견뎌야 할까

고요 30

이 년 넘게 주일미사 한 번도 빠지지 않았다
천박한 신앙고백
강박의 어느 새벽
맑고 고요한 성당
그 연못에 피를 떨어뜨렸다
검은 피였다

For over two years, I never missed Sunday Mass.
A crude confession.
One early dawn.
In the clear and silent church, I dropped blood into its still pond.
It was black blood.

고요 31

밤은 나에게 여섯 번째 계명을 일러주고 있다

내 몫이 아닌 숨겨둔 책들, 반란에 떨고 있는 악보들
먼 산에서 개 짖는 소리, 새벽 소리
개들은 나의 범람을 이미 알고 있었다

고요 32

그대와 내가 물끄러미 바라보고 있다
눈치챈 바람이 드러내지 않고 지나가고 있다
수양버들 아래 짙은 그늘
슬픔에 대하여 한 마디도 나누지 않았지만
우린 처음부터 알고 있었다

You and I gaze in quiet stillness.
The wind, having noticed, passes by without revealing itself.
Beneath the weeping willow, the pond lies in heavy shadow.
Though not a single word was spoken of sorrow,
We knew, we had known from the very beginning.

고요 33

살을 조금씩 떼어 네게 주었다
사랑이 끝났는데 몸이 남았다는 건 거짓이다
불로 옮겨간 널 사랑한다
소멸된 눈에 보이는 넌 살이 올라 이쁘다

고요 34

활짝 열었던 귀를 오려내야 하지만
반짝거리던 모습을 따라가던 눈알도
옥獄에 갇혀 빛나던 밤도 도려내야 옳지만
뉘우칠 게 없는 아침
이어진 이어질 아득한 마음

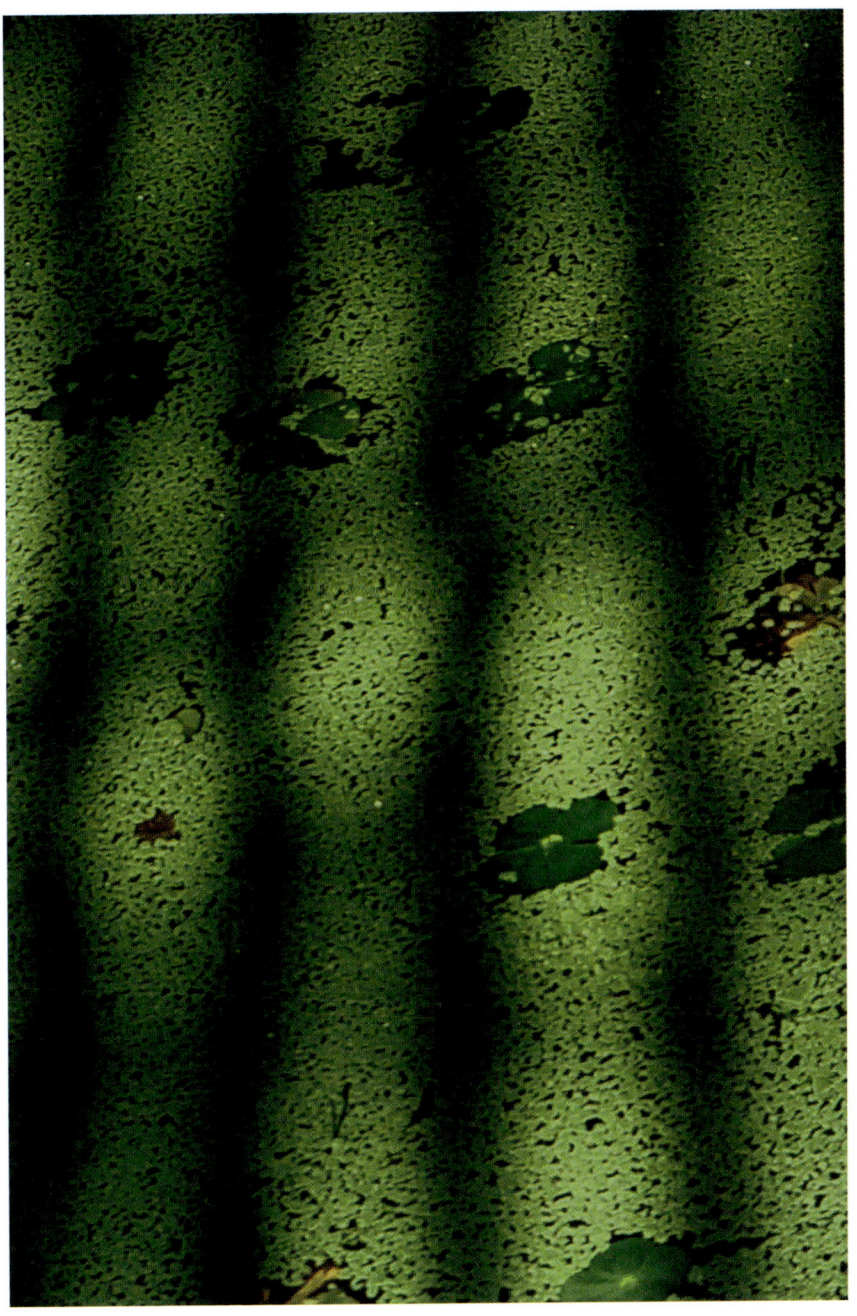

고요 35

알 수 없는 푸른빛
새벽에만 볼 수 있는 신묘한 청색여자
새벽녘 그녀 머리카락 몇 올로 겨우 잠들었다
넌 나를 재우지 않는다
꺾인 채 이젠 자고 싶다

고요 36

오늘까지 첫사랑에 갇혀 수생식물로 살았다
콧물과 코피가 피범벅인 채
벌겋게 물결치는 오수관으로 살았다
나의 함정, 나의 강원도, 나의 허영

고요 37

아름답고 기품 있게 찰랑거리던 그녀는
영혼을 삭발하고 사랑에서 달아날 수 있었다
멀어진 사랑은 결국 불꽃놀이
불 속의 불처럼 계속 살아나 또 기웃거리고 있다

고요 38

거기서 멈추지 않았으면
몇 번이나 더 쏟아졌을까
스멀거리는 강 안개, 선지피 같은 장대비
동학의 피로 붉은 산하
비웃는 얼굴로 꽂혔던 빗발들
겨우 목숨을 건져 도망갔던 쇠똥구리
굼뜨지만 살아 있는 쇠똥구리

3부

사랑

사막을 건너오니 몰년의 항구, 비로소 배#처럼 기웃거리는 사랑

PART 3

The Love

*Having crossed the desert, I find a harbor of forgotten years,
and love, like a ship finally near, uncertain, hesitant*

사랑 1

압제 혹은 정적政敵의 메타포인 구름
임계점에 이른 마그마의 격발을 각오하고 있는 인민들
을사년 봄은 노획이 가려져 있어 구름이 만든 붉은 집

사랑 2

베토벤은 육신의 속박에서 비로소 생을 깨달았다
정적과 고요의 바다에 매일 떠밀려 가면서도
침묵을 끊겠다는 투지가 생겨났다
안개 너머 음악인 하늘을 똑똑히 보았기 때문이다
무기 없이, 없는 길을 가고 있는 나의 이유는 무엇일까

사랑 3

음악이 열려 있다는 뜻은 무엇일까
응축과 확산으로 흔들리는 구름에 고리를 걸었다는 뜻일까
무한대로 열려 있는 영역이 예술뿐일까

사랑 4

별 하나는 공전의 이유로 그곳을 지나가고
상대별은 방황 중에 그곳의 그늘 속으로 흘러가야 한다
사랑은 의심 속에서 별 두 개를 하나로 꿰매야 한다

사랑 5

넘치는 힘으로 위험해진 젊은 빛
초원을 모두 태우고 남을 광량
모자란 사랑이 더 폭발하는 이유처럼
거칠고 포악한 호흡으로 가득 차 있는 빛

사랑 6

을사년은 심오한 신탁神託을 받은 해로 기억될 것이다
푸른 기운이 천천히 가라앉아 바다와 같이 말라갈 것이며
알 수 없는 상형문자가 하늘에 찍혀
주해를 달 수 없는 분주한 해로 남을 것이다

사랑 7

빛은 망사 스타킹처럼 왜곡되어 퍼지고 있다
무엇을 감추기 위해서인지 알 수 없다
빛 쏟아지면 피광체被光體는 먼저 머릴 조아리기 때문에
뜻을 묻는 눈동자를 보지 못한다

사랑 8

피아노 음악에 관하여 표현력은 쇼팽이거나 리스트다
듣고 나니 그리그도 지독하다는 걸 알았다
쇼팽이나 리스트는 감정이나 정서가 묻어나지만
그리그의 음악엔 아예 피아노가 사라져버린다
시간에서 달아나거나 시멘트 동굴이 되어 캄캄해져 버린다

사랑 9

우리에게도 선물은 준비되어 있었다
스스로의 사막을 찾아내지 못했거나
쉽고 보드라운 편견에 빠져
손가락 사이로 빠져나간 경우가 대부분이다
니나 하게룹을 만나 그리그는 모험하지 않는 음악가가 되었다

사랑 10

격정적이면 예술가로서 낙제다
릴케의 편지
'화가는 자신이 통찰하는 것을 의식하면 안 되는 법이다'

사랑 11

권위가 있는 출판사로 원고를 보냈다
두 달 만에 출판 가능성에 대한 답을 주겠다는 안내가 있었지만
몇 달 지나도 메일을 읽지 않고 있다
이 틈에 잠을 걷어내고 나를 두드리는 말의 뭉치는 또 무엇일까

사랑 12

가끔 음악이 나를 바라볼 때가 있다
눈빛이 간절하고 두껍다
이유 없이 흔들리는 나를 음악이 찬찬히 바라보고 있다
새순이 돋아나기 전 나무의 검은 얼굴을
새가 집중하는 그 이유와 같은 것일까

사랑 13

사랑할 때의 육신은 고귀해져 날개가 돋아난다
질곡의 육신을 업고 영혼으로 떠나는 날개
사랑과 육신이 같은 성당에 머물 때가 있다
성전은 붉은 전쟁으로 타오를 것 같지만
아뉴스 데이(Agnus Dei)*가 조금씩 아껴가며 날아오른다

* 아뉴스 데이: 라틴어로 '하느님의 어린양'을 말함.

사랑 14

나무들 침묵이 차오르면 숲은 춤춘다
마음이 고요해지면 왈츠가 들린다
가벼운 왈츠가 나무들의 춤이다
홀연히 사라진 사랑의 기억이 춤이다
비어 있는 벤치에 대하여
침묵하며 바라보라고
모르는 채 그냥 춤추라고 나무가 속삭이고 있다

When silence rises among the tree, the forest begins to dance.
When the heart grows still, a waltz can be heard.
A light waltz — the trees' quiet dance.
The vanished dance of a love once there.
Before the empty bench, stay silent, and simply watch.
The tree whispers: just dance — as if you don't know why.

사랑 15

물이 그린 숲을 건드리지 않고 지나가는 너
숲 그늘을 밟지 않고 나도 가고 있다
만나기로 했지만
우린 숲을 비켜 지나가고 있다
물빛에 눈이 어두워진 너
낡고 얇아지는 식탁이 두려운 나

사랑 16

도시는 들떠 있고 집은 생각에 빠져 있다
사랑이 육신에 깃들어 있다고 믿는 사람들
몸과 사랑 사이에서 자라난 슬픔
나무로 에워싸여 있는 생각들 깊고 고요하다
생각이 겉돌 때 집은 외풍이 세다

사랑 17

하루씩 번갈아 나타나던 조울증
이젠 한 시간 간격도 모자라 매 순간 드러나고 있다
다르다고 느껴지는 수상한 자부심
절망과 포만감 사이에 끼어버린 생활

사랑 18

사랑은 셀 수 없는 바람 사이를 날고 있어 애매하다
폭풍의 낭떠러지를 모른 채 끌려 들어간다
베토벤이 직접 언급한 피아노 소나타 17번 '템페스트'
3악장 알레그레토
부드럽게 시작하는 바람
걷잡을 수 없이 끌려 들어갔을 땐 이미 찢기고 있다

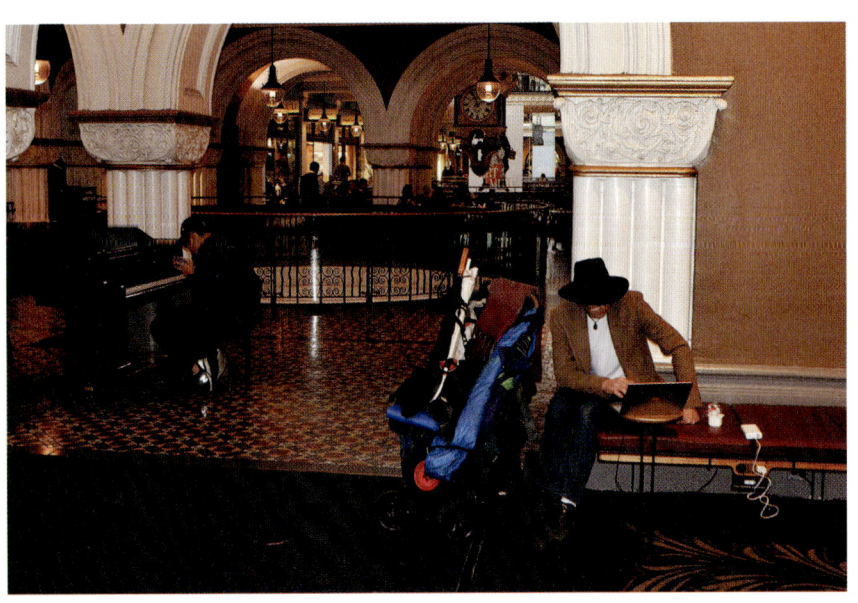

사랑 19

히라노 게이치로*의 '장송'을 읽고
산책길에 늘 만나는 나무인 듯 쇼팽이 느껴졌다
그는 왜 자전적인 걸 배제해야 했고
'표제'로부터 도망쳐야 했는지 알게 되었다
정치적 고통까지 음악으로 삭였는지 그 이유를 깨닫게 되었다

* 히라노 게이치로(1975년생): 일본 출생의 소설가, 문화평론가

사랑 20

쇼팽이 스물둘에 '칼크브레너'의 연주회 보조역으로 참가하였다
거기에서 멘델스존과 리스트를 만나게 된다
그는 연주자로 만족할 수 없었다
이십대 후반에 그는 조르주 상드를 만났다
그녀는 그에게 영감을 주었지만
그의 생애를 통째 분질러버리는데 그녀의 사시斜視가 작용한 바가 크다

* 칼크브레너(1785 – 1849): 프랑스 독일계 피아니스트

사랑 21

브루흐는 완강한 보수주의자였고
기금을 주는 재단*에 충성을 바쳤다
'콜 리드라이'는 다른 음악
그는 무엇을 뉘우치고 싶었던 것일까
생계비만 받은 노년은 좁지만 비교적 자유롭다

* 재단: 프랑크푸르트 모차르트 재단

사랑 22

오페라의 위대성은 이중창, 삼중창, 사중창에 있다
'돈 조반니' 1막의 사중창
'불쌍한 여인이여 그를 믿지 마오'
유혹에 설레며 흔들리는 소프라노
자신만만하게 여자를 유혹하는 바리톤
분노와 질투에 눈이 먼 베이스
주인의 바람기를 걱정하며 중재하는 하인 바리톤

질투와 분노에 눈이 먼 베이스의 결을 유지해온 어떤 생애를 알고 있다

사랑 23

오페라를 통해 환생을 믿게 되었다
그리스 비극을 오페라가 수용하면서
회귀로 치유된 사람들 사막에서 나갈 수 있게 되었다

사랑 24

발정 때문에 새끼를 짓밟으며 튀어나가
상대에게 헉헉대던 붉은 눈알의 짐승을 본 적 있다
내장이 터진 새끼는 죽었다
언제까지 검은 짐승으로 살도록 되어 있을까
매일 끊고 있지만 밤엔 다시 자라나는 나

사랑 25

오페라를 보면
일주일 정도 음악을 먹고 아리아로 말을 한다
음악이 나를 대신 살아주는 셈이다
사랑에 체했을 때도
씻어주는 음악이 있어 다시 살아났다

사랑 26

사랑은 마음과 육신 사이의 방황을 다루는 희곡이다
스스로의 사막을 건너지 못했기 때문이다
마음속의 사막을 찾아가면
지워진 육신이 엉치뼈로 남아 반짝이는 풍경을 볼 수 있다
마음만 단단해지면 몸은 저절로 따라와 깨끗해진다

사랑 27

이유 없이 지워진 나
내게로 나무가 틈입하고 있다
나무는 반짝거림을 나눠주었다
윤슬로 나무가 바다가 되는 순간
아득한 빛을 놓치고 말았다
남아있던 비창까지 놓치고 말았다

I was erased, without reason.
A tree begins to intrude into my being.
It shared its flickering light with me.
At the moment the tree becomes the sea,
shimmering like sunlight on waves,
I lost even the vanshing sense of distance.
I lot go on of the pathétique that still remained.

사랑 28

운명을 거부하며 바다로 뛰어드는 사람들
바다는 혼자 반짝거리고 있다
사람이 곡진한 울음을 바치면
그제야 조용히 비창 속으로 가라앉는 바다

사랑 29

그녀는 바다에서 비롯되었다
화려하게 반짝이며 그녀는 웃고 있다
바다의 머리카락이 그녀를 덮고 있어
검게 펄럭거리는 웃음소리만 들린다
그녀는 물빛으로 노을을 쏘고 있다
나도 멈출 수 없는 색깔이 되어 그녀에게 쏟아지고 있다

사랑 30

바다는 잠들지 못한다
잠주정하는 물소리에 바다는 자지 못한다
나는 지워졌지만
날 밀어낸 세계로 바다가 대신 흘러갈 것이다

사랑 31

하모니카를 불다 잠들었다
잠속으로
밤빛 사이로
어떤 발소리도 들리지 않았다
부산에서 서울까지 찾아온 바람
하모니카는 혼자 울리다 멈춰
바다가 되었다

I fell asleep playing harmonica.
Into sleep,
through the folds of darklight,
not a single footstep could be heard.
The wind that came all the way from Busan to Seoul,
the harmonica cried alone, then quieted,
and became the sea.

사랑 32

이젠 옷을 갈아입지 않는다
피가 비친다고 옷을 바꾸지 않는다
피는 그늘에 속한다
어둠을 빨아먹고 피는 더욱 레드로 불타고 있다

사랑 33

징조가 드러나면
사랑은 떠나기 시작한다
사랑은 개미를 닮아 잘 보이지 않지만
말끔하게 옮겨가고 끝을 낸다

사랑 34

사랑은 어떻게든 그들의 공간을 만든다
갇히는 것도 감수할 때가 있다
신비함에 대한 허영으로 바다의 문을 걸어 잠그기도 한다
알 수 없는 바다에게 말을 거는 부류도 있고
인어 같은 청색에 홀려 물로 빠져드는 사람도 있다

사랑 35

아름다운 기억이 생을 가파르게 만드는 조건일까
그의 부재가 애달픈 생애로 몰았다고 생각했다

기억이 없었다면 어떤 태풍이 되어 쿵쾅거렸을까
모르는 바다를 뒤엎고 다녔겠지
검은 구멍만 보이면 머릴 처박았겠지

사랑 36

머리카락은 기다림을 은유한다
길게 늘어뜨린 푸석한 나뭇가지들이 거리마다 떠돌고 있다
기다리지 않을 것을 결심한 나무들
숨겨둔 머리카락으로 서로 묶어주고 있는 나무들

사랑 37

눈물이 나쁜 이유는 씻어내기 어렵다는 것이다
그렁그렁 어딘가에 숨어
온 우주를 적시며 떠돌고 있다
눈물은 늘 노리고 있다가 순간으로 흘러내려
대비를 해도 소용없다

사랑 38

어두워 고요한 밤
멀리서 들려오는 소리, 들개 소리, 잦아드는 밤새 소리
조화로 가득했던 어제를
이젠 오류였다고 선언해야 한다

Elisabeth Söderberg
Denmark/Australia/Denmark 1861–1939

Bowl with flying fox decoration 1912
beaten copper with repoussé decoration
purchased 1912

사랑 39

나의 오페라를 보다가 서기장*이 벌떡 일어나 나갔다
부르주아적이라고 파문을 당하고 말았다
살기 위해 교향곡 5번을 삼 개월 만에 완성했다
그 이후 속을 드러내지 못하고 살았다

사랑까지 의심에 의심을 거듭하면서
죽음의 절벽에서 음악을 하던 그의 질곡을 내가 상속받았다
교향곡 5번 1악장 중간 타악기 부분
터지는 생명의 힘으로 검은 혁명으로 달려나가게 만드는 미친 음악

* 서기장: 이오시프 스탈린

사랑 40

흰옷을 입고 다니는 그
피아노를 닮아 있다
그가 데리고 가려는 그곳, 어둡고 축축한 냄새가 난다
끝내 뿌리칠 수 없는 그의 손
그곳도 물이 흐르고 새소리가 들리고
피아노 음악이 여리게 들리지만
캄캄하고 두려운 색깔로 채워져 있어 잠깐 버텨야 한다

사랑 41

그*의 현악 4중주 15번을 듣는다
이오시프**에게 무릎을 꿇었지만
내 음악은 굴복하지 않았다고
음악에게 굴욕적인 순간을 청원한 나는 어떤 악기였냐고
유리창 너머에 대하여 끊임없이 물었다고
멈추지 않는 그의 목소리

* 그: 쇼스타코비치
** 이오시프: 이오시프 스탈린

사랑 42

그림은 사람들이 감상하기만 기다리지 않는다
그림들도 행인들을 바라보며 즐긴다
무소르크스키의 '전람회의 그림'의 부제는 '산보'
그림과 그림을 연결하는 발걸음의 상징으로 알고 있지만
그는 그림이 걸어 다니며 자라는 존재란 걸 알았다고 생각한다

사랑 43

라르고는 속도가 아니라 창이 넓어지는 것
감당할 수 없는 사랑의 반짝임을
육신의 집에 평안히 머물도록 라르고가 도와주고 있다

사랑 44

그의 신경쇠약은 심해졌지만
1893년 마지막 교향곡 6번을 초연한다
콜레라로 여길 뜨기로 한 날보다 아흐레 전이다
장례식에 팔천 명이 참석한 것으로 볼 때 정말 콜레라였을까
차이콥스키는 6번 교향곡에 대하여
'과장 없이 모든 영혼을 이 작품에 쏟아 넣었다'고 말했지만
마음속에 바위가 들어앉아 교향곡 6번은 산만하다
느닷없이 뜰 예정인 나를 하늘이 깜빡 졸다 놓치면 얼마나 좋을까

사랑 45

차이콥스키의 교향시 '템페스트'를 듣고
그녀는 그의 열렬한 추종자가 된다
1877년 바이올린과 피아노를 위한 몇 곡을 의뢰하며
그에게 그녀의 연금은 지급되기 시작하였다
1890년 10월 4일 그녀는 그에게 결별을 통보했다
그의 음악을 우리에게 선물한 그녀 영혼을 일으켜 세운 힘은
무엇이었을까

사랑 46

누구든 개만 광장으로 끌고 나오면
대화 속으로 들어갈 수 있는 나라
개의 비밀을 훔쳐 그들에게 바쳤고 그들은 나를 받아주었다

사랑 47

'구스타프 말러'는 교향곡을 죽을 때까지 고쳤다
수정을 거듭하는 분야가 예술뿐일까
그의 성악곡에 끌린다
단번에 그려진 박 지오의 그림처럼 깨끗하고 순수하다

사랑 48

그를 바라보는 시간의 반을 빼
그의 아버지를 볼 것이다
공작새가 되어 날개를 부르르 떨고 있는 그가 아닌
언어의 씨를 심어준 그의 아버지를 보고 정할 생각이다

사랑 49

준비를 마쳤다
박수 소리가 끝나면 손가락질도 거두어질 것이며
지웠던 순간들도 다시 드러날 것이다
뜨겁게 달렸던 열차도 멎을 것이며
어둠에서 밤까지 온갖 구멍들이 기다리지만
돌아보지 않고 고개를 빳빳이 들고 나갈 것이다
여기 올 때처럼 완벽히 잊혀진 채
돌아올 수 없음을 안타까워 하면서